Inhalt

Compliance - Die Gesetzes-Anforderungen an das Controlling steigen

Kernthesen

Beitrag

Fallbeispiele

Weiterführende Literatur

Impressum

Compliance - Die Gesetzes-Anforderungen an das Controlling steigen

M. Westphal

Kernthesen

- Die Richtlinien für die ordnungsgemäße Dokumentation der Geschäftsvorfälle nehmen zu und die Bedeutung der Compliance wächst.
- Professionelles Controlling muss die Sicherstellung der rechtlichen Anforderungen gewährleisten.
- Die elektronische Kommunikation gewinnt an Bedeutung.
- Geschäftsrelevante elektronische

Kommunikation muss auch ordnungsgemäß dokumentiert werden, was aber in vielen Unternehmen bisher nicht geschieht.

Beitrag

Das Thema Compliance, oder in normalem Deutsch auch "Richtlinienkonformität", ist ein vieldiskutiertes Thema, welches für das Controlling der Unternehmen eine hohe Relevanz besitzt, da diese Funktion für die Einhaltung der verschiedenen gesetzlichen Richtlinien verantwortlich ist.

Viele regulatorische Bestimmungen zwingen Unternehmen dazu, Compliance in die Hände professionellen Controllings zu legen

Inzwischen ist Compliance nicht mehr nur ein US-Thema, sondern es hat auch die deutschen Unternehmen voll erfasst. (5)
Die neuen regulatorischen Bestimmungen gemäß Basel II, Grundsätze ordnungsgemäßer Buchführung

(GoB), die "Grundsätze zum Datenzugriff und zur Prüfbarkeit digitaler Unterlagen" (GDPDU), Sarbanes-Oxley-Act (SOX) und Solvency II verlangen ein einheitliches Enterprise-Content-Management. (3), (7)
Ziel der an den neuen rechtlichen Rahmenbedingungen orientierten Unternehmenspolitik mit den Daten ist es, den gesamten Lebenszyklus von Geschäftsinformationen zu adressieren. Alle Daten vom Erfassen, Verwalten, Verteilen über das Aufbewahren müssen elektronisch archiviert werden. Das verlangt ein durchgängiges Dokumenten-Management, Web-Content-Management und auch eine E-Mail-Archivierung. (3) Handelsgesetzbuch (HGB) wie aber auch die Abgabenordnung (AO) verlangen Ordnungsmäßigkeit, Vollständigkeit, Sicherheit des Gesamtverfahrens, Schutz vor Veränderung und Verfälschung, Sicherheit vor Verlust, Nutzung nur durch Berechtigte, Einhaltung der Aufbewahrungsfristen, Dokumentation des Verfahrens, Nachvollziehbarkeit und Prüfbarkeit. (4)

Auch die webbbasierte Kommunikation gehört zum geschäftlichen Schriftverkehr und

muss gesichert werden

Die Unternehmen wickeln ihren Schriftverkehr zunehmend über webbasierte Kommunikationsmedien wie E-Mail ab, weshalb die Finanzbehörden immer häufiger die lückenlose Dokumentation digitaler Geschäftsvorfälle inklusive aller involvierte Datenquellen fordert. (3), (6)
Die Gesetzesvorgaben verlangen, dass "Handelsbriefe" lückenlos nachverfolgt werden können. Ein Handelsbrief oder auch Geschäftsbrief ist nach neuesten rechtlichen Erkenntnissen jegliche Korrespondenz, die der Vorbereitung, Durchführung oder Rückgängigmachung eines Geschäfts dient. E-Mails, SMS, MMS oder auch Instant-Messaging-Nachrichten können demnach Handelsbriefe sein. Auch eine per Tabelle versandte Reisekostenabrechnung oder eine elektronische Rechnung können für eine Betriebsprüfung relevante Informationen sein. Alle diese Dokumente müssen nicht nur in ausgedruckter Form vorliegen, sondern als digitale, nicht mehr veränderbare Daten. (1), (2), (6)
Alle diese Korrespondenz zu überwachen und für eine spätere Nachverfolgung zu speichern, wird den Leitern auch noch so gut organisierter IT-Organisationen mächtig Kopfschmerzen bereiten. (1), (6)

Sorgfältige E-Mail-Archivierung wird in vielen Unternehmen noch vernachlässigt

Insbesondere das Thema E-Mail-Archivierung wird in vielen Unternehmen noch recht stiefmütterlich behandelt. GDPDU und auch der Sarbanes-Oxley-Act (SOX) verpflichten Unternehmen bereits seit dem Jahre 2002 zu derartigen Maßnahmen. Aber auch die Suche nach wichtigen Mails produziert in Unternehmen häufig kaum kalkulierbare Kosten. (4)
Zwar gibt es in Deutschland kein E-Mail-Gesetz, welches die E-Mail-Archivierung regelt. Im Rahmen der Schuldrechts- und Zivilrechtsreform Anfang des Jahres 2002 und aufgrund von Änderungen im Signatur- und Umsatzsteuergesetz und der Abgabenordnung (AO) und auch vor allem des GDPDU sind rechtlich verbindliche Rahmenbedingungen für die Archivierung von E-Mails geschaffen worden. (4)
Wichtig ist zu berücksichtigen, dass E-Mails unter den steuerrelevanten Daten nur eine Teilmenge ausmachen und die E-Mail-Archivierung deshalb nicht als Insellösung zu betrachten ist, sondern als Teil eines unternehmensweiten Dokumenten-Management-Systems. (4)

Unternehmen müssen ihre Daten dringend elektronisch sortieren und entsprechend sichern

Bisher liegen viele der Daten in Unternehmen weit entfernt voneinander in unterschiedlichen Anwendungen und Datenbanken. Dabei verteilen sie sich über heterogene Systeme, was ein einheitliches Ablegen und vor allem die Suche nach Prozess-, Produkt- oder Kundeninformationen nicht oder nur mit viel Aufwand ermöglicht. (3)
Ein möglicher Weg, buchhalterische Transparenz zu überschaubaren Kosten zu gewährleisten, bietet die Einführung eines unternehmensweiten Content-Managements. Daraus erklärt sich auch das aktuell große Interesse an Lösungen zum Enterprise Content Management (ECM). Die Nutzung von ECM, um die Maßgaben einer unternehmensweiten Compliance sicherzustellen, kann zahlreiche Haftungsfallen umgehen und ermöglicht dem Unternehmen zur richtigen Zeit über die richtigen Informationen zu verfügen. (1), (6)

In den USA gelten verschärfte Regeln

Sofern ein deutsches Unternehmen an der amerikanischen Börse gelistet ist oder es dort eine Filiale hat, gelten zusätzlich die dortigen Richtlinien. So sind gemäß dem Sarbanes-Oxley-Act (SOX) von 2002 sämtliche finanzrelevanten E-Mails revisionssicher zu archivieren. Man könnte es sich jetzt relativ einfach machen und alle Mails archivieren. Dieses wiederum ist in Deutschland aber aufgrund des Datenschutzes und des Telekommunikationsgesetzes nicht unbedenklich, da hierbei auch private E-Mails mitarchiviert werden könnten. (4), (6)

Die Finanzämter prüfen vermehrt auch auf elektronischem Wege

Schon seit dem Jahre 2002 dürfen die Finanzämter zum Mittel der elektronischen Außenprüfung greifen. Bisher mangelte es vor allem den Prüfern an entsprechenden Schulungen. Inzwischen ist die Anlaufphase aber vorbei und die Finanzprüfer sind verstärkt angewiesen, die Unternehmen auch auf digitalem Wege zu prüfen. Erfüllt ein Betrieb die Voraussetzungen nicht, wenn ein Prüfer mit dem Laptop kommt, kann das die Verhängung von Bußgeldern nach sich ziehen. (2), (6)
Im Fokus der elektronischen Prüfungen stehen alle

steuerlich relevanten und originär elektronisch erstellten Unternehmensdaten. Das betrifft die mit EDV-Systemen bewältigte Buchführung wie aber auch Geschäftsvorfälle dokumentierende E-Mails und andere elektronische Post. (2), (7)
Die Vorgehensweise der Prüfer ist unterschiedlich. Einige verwenden die EDV-Systeme vor Ort, oder sie lassen nach ihren Vorgaben Auswertungen erledigen, oder aber sie verlangen auf CD oder DVD gespeicherte strukturierte Daten. Derartige Anforderungen müssen von den Anbietern von Buchhaltungsprogrammen vorbereitet werden. (2)
Das größte Problem bereitet das Extrahieren auf externe Datenträger, da in diesem Falle die Daten in Formaten ausgelesen werden müssen, die mit der verwendeten Prüfsoftware Idea kompatibel sind. (2)
Sofern ein Steuerberater mit der Buchhaltung betraut ist, gibt es keine Probleme, da diese über die Buchhaltungssoftware Datev Auslese und Datenarchivierung ermöglichen. (2)
Sämtliche Daten müssen bis zu zehn Jahre maschinell auslesbar sein und unveränderbar vorliegen. Allerdings beherbergt die CD-Archivierung der Daten verschiedene Probleme. Zum einen besteht bei diesen Speichermedien die Gefahr des Datenverlusts, zum anderen bedeuten die sich kontinuierlich ändernden Datenformate oder Datenstandards die Gefahr, dass einige Formate innerhalb der Aufbewahrungsfrist veraltet und damit nicht mehr ohne Weiteres lesbar

sind. (2)
Die Hoffnung besteht darin, dass die Prüfer die Verhältnismäßigkeit wahren angesichts der zu speichernden Datenmenge und der möglichen Systemwechsel und damit verbundener Zusatzkosten. (2)
Allerdings wird auch moniert, dass die gesetzlichen Vorgaben hinsichtlich der zu speichernden Informationen nicht eindeutig sind. Die Grundsätze zum Datenzugriff und zur Prüfbarkeit digitaler Unterlagen (GDPDU) legen nicht klar fest, welche Daten steuerrelevant sind. Die digitale Finanzprüfung ist deutlich penibler, da mögliche Fehler und Lücken der Buchhaltung leichter entdeckt werden können. Deshalb empfiehlt sich grundsätzlich, Rücksprache mit dem Steuerberater zu halten. (2), (4)

IT-Chefs können in die Haftung genommen werden, wenn sie den Compliance-Anforderungen nicht genügen

Ist einem IT-Chef nachzuweisen, dass er seinen Pflichten in Bezug auf die Compliance-Anforderungen nur mangelhaft nachgekommen ist, kann ihm fristlos gekündigt werden. Es könnte von ihm de jure auch Schadensersatz gefordert werden für Forderungen von Seiten des Finanzamts, die aus lückenhafter Geschäftsdokumentation entstehen können. (7)

Fallbeispiele

Ein mittelständisches deutsches Unternehmen mit 800 Mitarbeitern mit 650 Mailboxen hat ein tägliches Mail-Aufkommen von zirka 10 000 Mails. Auch wenn diese nach Relevanz gefiltert werden, verbleiben immer noch 6 000 Mails, die dann täglich gespeichert werden müssen. (4)

Aber auf die Unternehmen kommen nicht nur fiskaltechnische Anforderungen zur Datenspeicherung hinzu. So muss der Luft- und Raumfahrtkonzern EADS im Falle von Flugzeugabstürzen und Haftungsklagen alle Unterlagen bis zum Qualitätsmanagement sehr lange aufbewahren. (7)

In mittelständischen Unternehmen machen E-Mails heutzutage 60 70 Prozent der gesamten Kommunikation aus. (7)

Weiterführende Literatur

(1) ECM - nicht nur der Compliance wegen
aus Computerwoche, 15.12.2006, Nr. 50 Seite 29

(2) Der Prüfer kommt mit Notebook
aus fvw Nr. 27 vom 10.11.2006 Seite 082

(3) ECM - Wertschöpfung aus geschäftlichen Informationen
aus Computerwoche, 03.11.2006, Nr. 44 Seite 41

(4) Wenn das Finanzamt kommt ?
aus Computerwoche, 24.11.2006, Nr. 47 Seite 36

(5) Gesetzesanforderungen stellen hohe Anforderungen an die Software – Eine Architektur für alle Belange ist notwendig – Outsourcing ist keine Lösung Compliance darf nicht zum IT-Projekt mutieren
aus Computer Zeitung, Heft 43, 2006

(6) Das ungeliebte Kind
aus "a3-bau" Nr. 10/06 vom 27.10.2006 Seite: 144

(7) Nur am heutigen Sonntag: Kostenloses IT-eBook für alle Leser
aus tecChannel.de Online, Meldung vom 15.10.2006

Impressum

Compliance - Die Gesetzes-Anforderungen an das Controlling steigen

Bibliografische Information der deutschen Nationalbibliothek

Die Deutsche Nationalbibliothek verzeichnet diese Publikation in der deutschen Nationalbibliografie; detaillierte bibliografische Daten sind im Internet über http://dnb.d-nb.de abrufbar.

ISBN: 978-3-7379-0041-6

© 2015 GBI-Genios Deutsche Wirtschaftsdatenbank GmbH, Freischützstraße 96, 81927 München, www.genios.de

Alle Rechte vorbehalten. Dieses Werk ist einschließlich aller seiner Teile – z.B. Texte, Tabellen und Grafiken - urheberrechtlich geschützt. Jede Verwertung außerhalb der Grenzen des Urheberrechtsgesetzes bedarf der vorherigen Zustimmung des Verlags. Dies gilt insbesondere auch für auszugsweise Nachdrucke, fotomechanische

Vervielfältigungen (Fotokopie/Mikroskopie), Übersetzungen, Auswertungen durch Datenbanken oder ähnliche Einrichtungen und die Einspeicherung und Verarbeitung in elektronischen Systemen.